Rua Valois de Castro, 50 - Vila Nova Conceição
04513-090 - São Paulo - SP - Brasil
Tel.: 11 3846-5141 - contato@boccato.com.br
www.boccato.com.br - www.cooklovers.com.br

Editor: André Boccato
Autora: Morena Leite
Direção de Arte e Projeto Gráfico: Camilla Sola (Bee Design)
Coordenação Editorial: Manon Bourgeade / Maria Aparecida C. Ramos
Assistente Editorial: Lucas W. Schmitt
Textos: Ge Marques
Revisão de Textos: Maria Luiza Momesso Paulino
Acompanhamento de produção e conteúdo: Verônica Tomaz
Revisão das Receitas: Aline Maria Terrassi Leitão
Produção e teste das receitas: Paulo Contarini / Rodrigo Santiago / Fernando Ernesto / Fabio Santana / Jose Severino do Santos / Juliana Rodrigues Martins
Direção de Fografias: Camilla Sola (Bee Design)
Fotografias: Antonio Rodrigues
Produção Fotográfica: Karen Sakai
Diagramação, Tratamento de Imagem e Produção Gráfica: Arturo Kleque Gomes Neto

Editora Gaia LTDA.
(pertence ao grupo Global Editora e Distribuidora Ltda.)
Rua Pirapitingui, 111-A - Liberdade - 01508-020
São Paulo - SP - Brasil (11) 3277-7999
www.editoragaia.com.br - gaia@editoragaia.com.br
Nº de Catálogo: **3270**

1ª edição, São Paulo 2011
1ª Reimpressão, 2016

Editora Gaia
Diretor-Editorial: Jefferson L. Alves
Diretor de Marketing: Richard A. Alves
Gerente de Produção: Flávio Samuel
Coordenadora-Editorial: Dida Bessana
Assistente-Editorial: Iara Arakaki

Algumas das pessoas que fizeram parte desta história: Ge / Elisio / Xexeu / Bruno / Ricardo / Suzana / Silvinho / Ion / Karen / João / Daniel / Amaro / Chico / Edileusa / Marcia / Silvia/ Fatima

Funcionários do Restaurante Capim Santo / Trancoso: Nando / Jandes / Lili / Mandinga / Zeildo / Antonio D / Verbenia / Alisom / Ivonete / Paulo / Gisele / Geilson / Geni / Rodrigo / Queia / Edimilson / Marcos / Zezão / Penha / Michele / Cris / Rose / Daniela / Antonio / Juliana / Amiguinho / Regina / Maria / Pedro / Fernanda U / Lucimares / Francisca / Teco / Alvinha / Conceição / Creusa / Israel / Sanae / Jackeline / Leo / Cicero / Val / Meire / Jurandir / Fabio / Zequinha / Regis / Romario / Edu / Rosa / Adriana c / Claudio / Raimunda / Liquinha / Sandra / Drigo / Luiz / Nando T / Elisio / Joana / Marcel / Claudia / Adilson / Eris / Silvana / Jr / Primo / Thiago / Katia / Marina / Hugo / Jusselio / Clariana / Dani / Neguinho / Dione / Valquiria / Marcel / Daniel / Zé Maria / Fernanda / Rosana / Reinaldo / Edilson / Valtinho / Cassio / Genilson / Gilson / Valéia / Edina / Edinaldo / Bruno / Nenem / Sergio / Deuclecio / Jaques / Tim / Paulo / Jaques / Leo / Ale / Joaquim / Alzira / Vilian / Veronica / Adriana / Djair

Dados Internacionais de Catalogação na Publicação (CIP)
(Câmara Brasileira do Livro, SP, Brasil)

Leite, Morena
Capim santo : receitas para receber amigos / Morena Leite. – São Paulo : Gaia : Boccato, 2011.

ISBN 978-85-7555-253-7 (Gaia)

1. Culinária. 2. Receitas. I. Título.

11-01653 CDD-641.5

Índices para catálogo sistemático:

1. Receitas : Culinária : Economia doméstica 641.5

Morena Leite

Capim Santo

Receitas para receber amigos

Em comemoração aos 25 anos de uma história gastronômica

Capim Santo, uma história gastronômica de sucesso!

Erva? Ingrediente? Restaurante? Pousada? Buffet?

Vivemos uma época de valorização da cultura gastronômica brasileira, na qual descobrem-se novos frutos, antes desprezados. Açaí, jambúe, macaxeira e outros que fazem sucesso nas culinárias regionais e juntam aos saberes antigos os sabores redescobertos.

Quem quer comer capim? Êh.. Mas não é nenhum capim mundano... E se for um Capim assim... Santo? E Santo por quê? O Cymbopogon Citratus*, nome científico do Capim-Santo, é conhecido do povo brasileiro, ao menos das pessoas que buscam nele um aliado medicinal: usado como chá, ele tem várias propriedades, de calmantes a cicatrizantes.. É Santo tudo o que faz bem!

Mas retornemos há 25 anos, anos 80 e finalzinho da era "hippie". Os paulistas Fernando e a Sandra decidem montar um restaurante (e futura pousada) em um lugarejo de nome diferente... Um tal de Trancoso, que tinha uma praça de terra em formato retangular, mas que todos chamavam de quadrado. Coisa de medida baiana... E que nome dar a esse lugarzinho modesto, de comida simples e sabor da terra? Chama o Santo? Veio o Capim Santo!

De erva para chá a ingrediente culinário foi um passo. Aliás, já clássico na gastronomia tailandesa, o tal "matinho" (conhecido também como chá-de-estrada) virou destaque nacional e estrela de tantos pratos deliciosos. Carinhosamente considerado como símbolo de "bem receber" e de cordialidade, lembra o campo e o carinho com as coisas da terra.

Não é sem motivo que se dão nomes: eles são soprados pelo vento, ainda mais na Bahia! Há 25 anos, a pousada-restaurante Capim Santo pôs no ar suas sementes, de sabores e de gente de verdade. Morena Leite, herdeira dessa história, semeia agora, nesta paulíceia desvairada, a ideia de bem receber os amigos no seu restaurante (que é, em essência, a extensão da sua casa). E a casa de quem quer estar entre os amigos. E entre as 25 receitas desse livro, sementes de inspiração para você, leitor!

Simultaneamente símbolo, coadjuvante ou estrela do prato, o capim-santo é o ingrediente de honra de todas as receitas deste livro. Sobretudo, as receitas trazem a ideia de propiciar ao leitor a opção de fazer pratos para convidar, para chamar amigos. Seja no estilo baiano ou apaulistado, pouco importa: você pode tanto cozinhar para duas pessoas (dividindo as receitas) ou para a turma toda (multiplicando-as). Escolha no mínimo 4 ou 5 receitas, pois elas estão em versão "degustação", ou seja, um pouquinho de cada para fazer variado, entende? Juntar a praticidade paulista com a tradição nordestina costuma dar coisa boa. E Morena, que também é banqueteira (pode chamá-la em casa!), jura que as receitas funcionam em pequenas ou grandes quantidades.

Então, seja bem vindo e comemore este livro! Porque o Capim Santo faz 25 anos, porque você tem 25 receitas para receber seus amigos e porque a gente descobre que o ingrediente principal da vida é, sempre foi e sempre será, a amizade! Estamos honrados de poder, de alguma forma, fornecer esta sementinha em forma de livro para você plantar na sua cozinha.

André Boccato

(Amigo da Morena Leite, antes de ser o editor dela.)

**O Capim-Santo (*Cymbopogon Citratus*) é também conhecido como Capim-Limão, Santocapim, Capim-Cidreira, Falsa-Erva-Cidreira, Grama-Cidreira, Chá-de-Príncipe, Chá-de-Estrada, Chá-do-Gabão, Grama-Cidreira, Capim-Cidrilho, Capim-de-Cheiro, Capim-Cheiroso, Citronela-de-Java, Capim-Marinho, dentre inúmeros outros nomes populares. Pertence à família Poaceae.*

Usos Tradicionais: artrite, cólica, deslocamentos, diarreia, dor de cabeça, dor de estômago, dores nas costas, febre, gases intestinais, gripe, herpes, lombriga, parasitas, pele oleosa, reumatismo, tendinite.

Propriedades Medicinais: antibacteriano, antisséptico, antivirótico, diaforético, diurético, refrigerante, sedativo, tônico digestivo.

Na medicina alternativa, o capim-santo é um remédio específico contra nematoides: o óleo essencial mostra atividade contra algumas bactérias gram-positivas. Possui cinco componentes que inibem a coagulação do sangue. Usado popularmente em forma de cataplasma para dores de artrite e como erva de banho para músculos doloridos. O óleo essencial do capim-santo é usado em perfumes, sabões, desodorizantes, detergentes e loções. O óleo essencial do capim-santo é acrescentado a óleos de massagens para ajudar a aliviar dores nas costas, deslocamentos, reumatismo e tendinites. O uso do óleo diluído é bom para o tratamento de pés de atleta. Também é aplicado para combater lombriga. É usado em loções para peles oleosas.

Na culinária, as folhas jovens são acrescentadas às saladas. Muito usado em pratos tailandeses e vietnamitas, é um ingrediente de sopas, preparos de peixes e frangos. As folhas exteriores do capim-santo são muito fibrosas para serem consumidas e normalmente são retiradas na hora de servir as refeições. O óleo essencial é adicionado a doces, assados, pudins, carnes e outros óleos.

DICAS PARA RECEBER SEUS AMIGOS

da Chef Morena Leite

A palavra receber pode ser utilizada em diferentes contextos mas, para mim, sempre significou aconchegar, proporcionar bons momentos para as pessoas.

Iniciei recebendo na minha casa e, depois de uma longa trajetória, abri um buffet. Recebo como uma típica canceriana, sempre atenta e preocupada em satisfazer o gosto e paladar de cada convidado com guloseimas personalizadas, pensando também que um encontro marcante é feito de pessoas que tenham sinergia, às vezes temos amigos muito diferentes e quando convidamos um grupo pequeno, temos que ficar atentos a isto.

Entendendo o perfil dos convidados temos que definir o estilo do encontro, descontraído ou formal, e então definir se este deve ter uma cenografia e trilha sonora especial, enfeitar a casa com flores, qual louça utilizar. No caso de muitos convidados temos a opção de alugar quase todos os materiais e contratar pessoas para servir; normalmente é 1 profissional para cada 10 convidados e existem empresas especializadas em fornecer mão de obra de copeiras e garçons na internet.

Coloque as bebidas para gelar antecipadamente; a quantidade varia dependendo do tipo de evento.
- Água .... 400ml/por pessoa
- Refrigerante .... 300ml/por pessoa
- Vinho ....1/2 garrafa por pessoa
- Prosecco ....1/2 garrafa por pessoa
- Whisky .... 1 garrafa/8 pessoas
- Vodka (Caipirinha) .... 1 garrafa/8 pessoas
- Cachaça ....1 garrafa/10 pessoas

Bebidas alcoólicas variam dependendo do público, perfil e horário do evento.

Petiscos/Canapés (+/- 20g cada) : só coquetel.......... 15/por pessoa
pré-jantar.............. 8/por pessoa

Prato Principal: importante ter sempre uma opção de proteína e uma opção vegetariana; verificar antecipadamente a presença de convidados vegetarianos e com restrições alimentares.

* Proteínas .... 0,300 kg
* Guarnições .... 0,300 kg
* Sobremesa .... 0,300 kg

Este livro foi elaborado para jantares-degustação com porções menores e uma variedade maior de sabores.
São comidas servidas em cumbuquinhas, panelinhas ou potinhos, mas você pode interpretá-la e executá-la à sua maneira. Caso queira usar alguma dessas receitas como prato único e principal, multiplique a receita por 4.

sumário

TEMPOS HEROICOS EM TRANCOSO 08
O CAPIM SANTO EM SÃO PAULO 12
O BUFFET DO CAPIM SANTO 15
DEDICO 18
O MAR 20
OS GRÃOS 22
AS ERVAS 24
AS RAÍZES 26
PÃO DE CAPIM-SANTO .30
TARTAR DE ATUM COM PÉROLAS DE TAPIOCA . . .32
BLINIS DE CAPIM-SANTO COM OVAS DE CAVIAR . .34
CROQUETE DE PALMITO PUPUNHA 36
BOLINHO DE CAMARÃO 38
SATÉ DE CORDEIRO NA RAIZ DE CAPIM-SANTO . . .40
TABULE DE QUINUA 42
VINAGRETE DE PATINHAS DE CARANGUEJO 44
MIL-FOLHAS DE TAPIOCA COM ARATU 46
MEXILHÕES GRATINADOS
COM MOLHO DE CAPIM-SANTO 48
TAGINE DE FRUTOS DO MAR 50
VIEIRAS CARAMELADAS COM CAPIM-SANTO 52
RISOTO DE CAMARÃO COM BANANA-OURO 54
CAMARÃO COM RENDAS DE BATATA-DOCE 56
ROBALO COM CROSTA DE CAPIM-SANTO 58
ATUM GRELHADO NA RAIZ DE CAPIM-SANTO 60
LINGUADO RECHEADO COM PALMITO
PUPUNHA AO MOLHO DE LARANJA 62
PICADINHO DE MIGNON DE CORDEIRO 64
MEXIDO ÁRABE 66
ARRUMADINHO DE CARNE-SECA,
COUVE E PURÊ DE ABÓBORA 68
FRANGO AO CURRY COM LEITE
DE COCO E CAPIM-SANTO 70
CESTINHA DE PARMESÃO COM
RISOTO DE ABOBRINHA 72
CREME BRULÉE DE CAPIM-SANTO 74
PETIT GÂTEAU DE CAPIM-SANTO 76
CAIPIRINHA DE CAPIM-SANTO 78

trancoso

O COMEÇO DE UMA VIDA CHEIA DE SABORES

TEMPOS HEROICOS EM TRANCOSO

Dia de sol na Bahia. Despontava o mês de outubro de 1981. Carros não eram muito comuns naquelas paragens. Em cima da ponte rústica de madeira sobre o Rio Trancoso, Nando olhava para o seu último desafio daquela longa viagem: a íngreme ladeira de terra por onde chegariam ao Quadrado e ao novo capítulo de suas vidas. Com Morena no colo, Sandra sentia-se carregada pelas emoções: alívio pelo fim da dura jornada, expectativa pelos desafios, e alegria pelo vento baiano que alvoroçava seus longos cabelos.

As crianças que brincavam no rio pararam curiosas. Os forasteiros chegavam de São Paulo em um velho Gurgel – lembram? – vermelho, abarrotado com as tralhas da mudança. E quilos de cereais integrais, com os quais contavam passar seus primeiros tempos no vilarejo onde escolheram viver. Por ali já perambulavam os hippies, pioneiros na descoberta do paraíso. Atrás deles, os primeiros jovens universitários descobrindo o Brasil no início dos anos oitenta. Fascinadas, as crianças grudaram os olhos no Gurgel que arrancou ladeira acima, chacoalhando as tralhas, no que parecia uma missão quase impossível: chegar ao verdejante gramado que separa as duas fileiras de casinhas, que mais tarde viria a ser reconhecido em todo o Brasil quase como uma insígnia da Bahia.

Nando, cabelos compridos e barba, era um jovem típico daquele período. Peregrinara alguns anos – como era sonhado por muitos – vendendo artesanato em Londres,

colhendo uvas na Suíça, trabalhando em fazendas no Canadá, circulando com sua mochila pelas difíceis rotas da America Latina, até voltar ao Brasil para tentar realizar o sonho: viver em comunidade. De passagem por São Paulo, conheceu Sandra, uma estudante de arquitetura. Desse encontro, que iria redirecionar suas vidas muito cedo, veio Morena ao mundo. E para desconforto dos pais – como era de se esperar – em muito pouco tempo marchavam para a distante Bahia.

O projeto original era entrar em contato com um primo de ascendência judaica, ídolo da adolescência, com quem compartilharam o ideário dos kibutz, que casava tão bem com os sonhos alternativos de comunidades daquela época. Vegetal, à época um empedernido vegetariano – como o apelido brincalhão dado pelos nativos denuncia –, morava ali há já alguns anos. Foi através dele que o casal conheceu Trancoso. Mas diante das novas demandas de constituição de uma família, rapidamente os planos se alteraram. E para própria surpresa, associaram-se a outro jovem casal, um holandês e uma baiana, para tocar o Bar São João, com o qual 'estouraram' o verão de /82. Lá se encontravam artigos raros: comida natural, cerveja gelada, café da manhã... Foi um ano memorável, encravado na memória dos primeiros visitantes.

Passado o verão, o desafio de sobreviver na baixa temporada era ainda maior. Cabe lembrar: em Trancoso não havia água. Lado bom: o bate-papo gostoso na beira do rio com Dona Bernarda, antes de tomar fôlego para subir a ladeira. Trancoso também não tinha luz. Lado bom: no fim do dia, depois do banho – no rio, claro! – encontrarem-se para jogar sinuca no Zé Barbudo, antes que a noite chegasse e todos se recolhessem para – literalmente – ir dormir com as galinhas. Por essas horas aparecia o Nando, cabelão, barba e cestinha de palha a tiracolo. Eram empadas e bolos, decididamente objetos de desejo, feitos pela Sandra. Para comer, nessa época, as únicas outras alternativas eram o prato feito encomendado com

trancoso

O COMEÇO DE UMA VIDA CHEIA DE SABORES

antecedência na Silvana, ou uma "pilha" de bolacha na venda do Jovelino. (Entenda-se: uma pilha Rayovac grande, que servia de peso para a balança.)

Depois disso, a casa do Landoaldo. Foi ali, fora do Quadrado, que Sandra e Nando instalaram o primeiro restaurantezinho. Casa pequena, de nativo, parede de pau a pique, telhado de taubilha. Nando tinha conhecimento da macrobiótica, de quando se curou de uma doença severa. Ficaram os bons hábitos alimentares. Poder almoçar um prato com legumes, feijão azuki e cereais integrais naqueles ermos era o supremo luxo! Na sala, a única mesa, manca, com bancos que exigiam um quê de equilíbrio. Na memória, ficou Morena brincando no berço, com Sandra às voltas, no fogão a lenha.

Foi o tempo necessário para juntar um dinheirinho e, com a ajuda da Providência, comprar um terreno da ladeira com uma vista esplendorosa para o mar. Hora de começar a construir uma casa, que em Trancoso era uma experiência direta. A madeira – de lei – ia-se buscar no mato. O tijolo era batido no quintal. Naquele recanto, nas tardes quentes e brisas amenas, era possível almoçar em um quase restaurante. O mar esmeralda ao longe não os deixava esquecer o endereço do paraíso! E essa foi a labuta dos primeiros tempos: a cada verão, o dinheiro acumulado levava a um investimento. Primeiro um terreno do lado, para aumentar o quintal – onde se plantavam milho e feijão. Em seguida, a construção do restaurante. Semanalmente ainda era possível ver Nando chegando das compras em Porto Seguro; o Gurgel cheio. Sempre a mesma parada, o suspiro antes da ladeira e o engate final. E algumas batatas e laranjas rolando ladeira abaixo. "Essa foi pro santo!" gargalhava Dona Bernarda, lata d'água na cabeça, pronta para enfrentar o mesmo desafio.

Em seus verdes anos, a vocação de Trancoso sempre fora a de uma espécie de encruzilhada do mundo por entre os vasos comunicantes do universo alternativo. Os gringos colocaram o Quadrado, a praça central entre as casinhas de Trancoso, como um de seus pontos de parada. O boca a boca o transformara em endereço obrigatório dos peregrinos. Assim, por entre a juventude dourada dos anos oitenta, paulistas e cariocas, no início, interagiam com europeus com casa em Goa, em Bali, em Manali, no Alaska, nas Ilhas Mauricio... E claro, também um endereço nos seus países de origem: Itália, França, Espanha, Argentina, Inglaterra, Estados Unidos, e por aí vai. Razão por a Morena sempre ter achado o Bar do Zé Barbudo muito mais cosmopolita que a Avenida Paulista.

Em plena festa do Dia de Reis, em janeiro de 1985, outra comemoração inaugurava o Capim Santo – agora finalmente batizado. Tijolinho à vista, cores da terra, a sempre refrescante taubilha. Anos ao redor do fogão faziam nascer o lugar onde Sandra e, mais tarde, Morena, faria a síntese de suas raízes. De um lado, a culinária

árabe dos avós maternos trazia uma intimidade com os grãos que a macrobiótica abençoava: lentilha, grão-de-bico, triguilho... De outro, a comida ribeirinha caipira dos avôs paternos: a caça, os peixes, as ervas, a roça, que agora ganhava mais de si mesma com as cores e frutos da Bahia. E a fartura de peixes que Nando zelosamente selecionava entre os pescadores de Porto Seguro, e Sandra utilizava em sua alquimia mestiça, como é próprio da mais profunda brasilidade.

Por essas horas, Marcel já havia nascido – para também ser um companheiro de alegrias pelas goiabeiras do quintal. Um novo irmãozinho ampliava as responsabilidades da família, mas também aumentava o sentimento de união diante das mesas do Capim Santo, cujo cardápio ganhava corpo pela criatividade da cozinheira. Ali Sandra imprimia sua arquitetura em uma bricolagem de sentidos e memórias: ora aquela lagosta da Place D´Italie, em Paris; ora aquele perfume do Goa, na Indonésia; ora aquela textura de Ko Phi Phi, na Tailândia... Um refinado caldo apurado pela trajetória. E os alicerces e telhados de seu coração mestiço reuniam tudo em uma surpreendente e saudável culinária brasileira.

A região de Porto Seguro e do Arraial D´Ajuda via chegar uma crescente leva de turistas. Trancoso, com difícil acesso, permanecia como uma joia escondida, mostrando-se apenas para os mais exigentes e exclusivos. Mesmo assim, as temporadas já denunciavam um povo vibrante. Hora de apetite depois de um dia de praia. Comida saudável? Capim Santo. Por essa época, Morena circulava pelo Quadrado com sua bicicleta rosa vendendo os mamões e eugênias – que é como chamam o jambo na Bahia! – que colhera nas árvores de seu quintal. O sol do fim da tarde, a igrejinha de fundo, os vestidinhos coloridos depois do banho, o gramado verdinho do Quadrado são lembranças que tremulam na memória como bandeirinhas de uma antiga festa de São João.

morena

UMA PAULISTANA PRA LÁ DE BAIANA, QUE GANHOU O MUNDO

O CAPIM SANTO EM SÃO PAULO

Outro tanto de anos se passara, com os verões mais cheios e o Capim Santo mais próspero. Anos suficientes para o início da construção da pousada, no mesmo verde quintal onde em tardes passadas debulhavem-se o milho e o feijão que seriam usados nas próximas refeições. A relação com os visitantes mais uma vez se aprofundava: com o restaurante, a mesa era o lugar do compartilhamento. Na pousada, os sempre novos companheiros estavam juntos já no café da manhã, no ócio do cafezinho depois do almoço, no doce *far niente* das vésperas do sono. Os coqueiros finos e altos que pareciam querer penetrar no céu, nas noites platinadas de lua cheia, continuavam lá, encantando os olhos dos primeiros hóspedes. Na alma de Morena, a sede do mundo estava definitivamente instalada.

Quase como se, com aquela mesma bicicleta, Morena se transportasse para Cambridge, na Inglaterra, já no começo da adolescência, agora para estudar a cultura inglesa.

Ano de imersão e também de ampliação de horizontes. Até então, Morena, como os pais, passara a vida recebendo pessoas em sua casa: os comensais bronzeados do restaurante e, agora, ainda mais próximos, os hóspedes da pousada. Personagens dos mais distantes cenários vindos até sua varanda compartilhar do mesmo sonho nativo. Já em Cambridge, era ela quem mergulhava no mundo, para enfim reconhecer os muitos eus que trazia no próprio sangue. "Repartia – relembra Morena com saudades – o quarto com uma cambojana budista, uma francesa judia e uma turca mulçumana." Para além da cultura inglesa, fora viver na pele a multiplicidade de temperos colocada pelo divino na Terra.

Curiosa alquimia lhe preparava o caminho, assim, realizada com os mais inesperados ingredientes. Quase como em um sonho, o destino lhe aplainava o terreno para um retorno – oitavas acima – às texturas e sabores que vivera na infância ao redor do fogão de sua mãe. Não houve, portanto, estranhamento, quando, completado aquele ciclo, Morena atravessasse o Canal da Mancha para um encontro com outra cultura. Para sua própria surpresa, ela decide estudar no Cordon Bleu, o templo parisiense da gastronomia. Vivos ainda na lembrança as cores vibrantes e os perfumes acentuados dos temperos do antigo restaurante. Voara para bem longe com sua bicicleta rosa...

A essas alturas Trancoso já havia se tornado um nome conhecido entre os destinos obrigatórios dos que o conheciam. O intenso fluxo de pessoas e culturas tornavam ali um lugar prazeroso. Não só as alegrias da mesa, como também pela vivência de uma arquitetura que mesclava o saber nativo no trato da madeira e nos materiais locais com a sofisticada estética do sudeste asiático, com destaque para Bali. Uma atitude aberta para o mundo acabou por levar o Capim Santo a São Paulo. A proposta era ousada: uma imponente construção em madeira em um jardim com frondosas mangueiras em um recanto ainda desconhecido da Vila Madalena. O sucesso foi imediato. Reviver em um bairro aconchegante da grande cidade a magia do sul da Bahia foi um sonho. E deslocou milhares de paulistanos para o novo restaurante.

morena

UMA PAULISTANA PRA LÁ DE BAIANA, QUE GANHOU O MUNDO

Na Vila Madalena o Capim Santo reproduziu o furor dos verões de Trancoso. Corria o ano de 1999. Um jardim de sonho e uma arquitetura com aquela mesma inspiração baiano-asiática reuniu uma moçada bonita, ávida dos sabores marítimos da casa matriz. Foi capa da revista Veja, foi escolhido pela Condé by Nest, recebeu a visita de governadores, de artistas de todos os quadrantes – o Capim Santo decididamente se instalou como uma referência gastronômica no imaginário da cidade. À frente, a jovem chef recém-chegada de Paris enfrentava o desafio de comandar a cozinha madura e profissional do Capim Santo paulistano. A intuição apreendida com os pés descalços nos quintais da Bahia; a cozinha da avó libanesa, da bisavó materna, nos primeiros anos da infância, na colônia japonesa em que passava as férias, toda a magia étnica permitida a uma menina tão tipicamente brasileira, agora se aliava às exigências profissionais de um grande restaurante urbano.

De todas essas raízes é que Morena Leite – e esse nome não traduz sua vocação eclética? – extrai o que considera os fundamentos de sua cozinha: ingredientes brasileiros, a comida natural e o rigor técnico da gastronomia francesa. Um olhar profundamente assentado em sua própria história – tupiniquim como as jabuticabas do jardim do Capim Santo – mas, como é próprio de sua trajetória, aberto para a experiência humana sobre a Terra. "Passei a vida recebendo em minha casa os mais instigantes personagens. Aprendi a ouvir as suas histórias. Com eles aprendi o quanto a mesa aproxima as almas. Talvez por isso o ato de servir – em torno das artes do fogão – tenha se ligado tão fortemente ao meu espírito." – reconhece Morena.

O BUFFET DO CAPIM SANTO

Os anos no Capim Santo na Vila Madalena foram um teste de realidade para a jovem chef Morena Leite. A sensibilidade e a intuição vieram da natureza quase selvagem de sua infância baiana; o amor criativo de Sandra pela cozinha, no restaurante em Trancoso, enraizou nela os primeiros acordes de sua culinária. Em Paris, pelo Cordon Bleu, dominou a técnica. Em São Paulo tratou de completar o árduo trabalho pelo qual o coração se expressa em uma obra acabada: a sofisticada engenharia onde dezenas de mãos auxiliares enfrentam o desafio de fazer um grande restaurante funcionar – pela batuta de um maestro. Abrir o Capim Santo nos Jardins, também em meio a jabuticabeiras e pitangueiras, expressa essa maturidade.

É possível definir a arte culinária como o resultado de alguns ingredientes em que o criador – o chef – assenta sua obra. Certamente o mais básico deles é o domínio de um conjunto diário de operações administrativas: a escolha dos melhores fornecedores e dos melhores produtos (são centenas!); a conservação e estoque; o preparo sob rígidas condições de higiene; o treino permanente dos profissionais de atendimento. Uma lista quase interminável – que, sem o olhar apurado do chef, não chega a bom termo.

Morena Leite – junto com duas amigas, Adriana Leal e Adriana Drigo – pôde levar essa experiência privilegiada para o novo Capim Santo dos Jardins. E em seguida para o serviço de Buffet, que se desenvolveu naturalmente como decorrência de tal trajetória. "Passei a vida recebendo. Foi natural desenvolver um olhar agudo na direção de quem estamos atendendo. Ouvir suas demandas, expectativas, necessidades – em todos os aspectos desse ritual que é servir bem!" – reflete Morena.

Atenção ao outro: o serviço de Buffet Capim Santo apresenta a capacidade de atender à expectativa do cliente em sua individualidade. Para tanto o Buffet Capim Santo se estruturou com uma equipe de especialistas capaz de atuar nos mínimos detalhes, em todas as etapas do processo. E oferecer profissionais que acompanham as demandas do cliente desde o primeiro contato, quando se define o perfil solicitado do evento. Um mesmo atendente comprometido do início ao final do serviço!

Por isso mesmo o Capim Santo pôde ser incluído nos mais seletos circuitos e atender aos mais apurados paladares. No mundo corporativo, a parceria com a Tetrapack há mais de 10 anos o levou ao Anhembi, o maior espaço de eventos da América Latina.

No Brasil, o reconhecimento do Buffet Capim Santo como nome obrigatório do circuito gastronômico exigente seguiu o seu curso. Um marco relevante foi o primeiro evento realizado para o importante empresário João Dória, sob supervisão de Chris Ayrosa. "Um grande desafio, pois o João é uma das pessoas mais detalhistas e exigentes que já conheci" diz Morena.

morena

UMA PAULISTANA PRA LÁ DE BAIANA, QUE GANHOU O MUNDO

Depois desse jantar, João Dória passou a estar entre os 10 maiores clientes do Buffet Capim Santo. Foi em sua casa que Morena preparou uma "Lagosta com molho de cachaça Busca Vida" para a princesa Helena, da Espanha.

Em um aniversário na casa de Verônica Serra, os donos da pousada Estrela d'Água conheceram o Buffet Capim Santo e contrataram Morena e sua equipe para realizar o 1º de muitos eventos em Trancoso. De volta a sua terra, Morena usou e abusou de sua criatividade em um grande banquete.

Daí em diante, com a cara de Trancoso, a sofisticação do "Le Cordon Bleu" e o profissionalismo de São Paulo, o Buffet Capim Santo passou a ter parada certa em Opening Houses e em megacasamentos. Quem achava muito longe casar em Trancoso, mas queria essa atmosfera em São Paulo, passou a levar o Buffet Capim Santo para os mais especiais espaços de eventos, como Contemporâneo, Gardens, La Luna, Casa Pietra, Mube, Mam, ou mesmo a suas casas e fazendas. Com alma brasileira, o Buffet Capim Santo passou a frequentar a cozinha do "Instituto Fernando Henrique" em recepções internacionais.

Naturalmente, com uma pitada de sorte, uma grande proteção do divino e, com certeza, com muito trabalho e capacidade técnica, o percurso de vida de Morena Leite a leva para uma sólida experiência internacional. Em 2001 foi levar seu tempero a Chicago em um festival de cozinha latino-americana no Jonh Hancock Center. Ao retornar, foi capa da revista Veja-São Paulo.

Com a presença dos presidentes da França e do Brasil foi convidada para realizar um coquetel para mais de 500 pessoas na área Vip do show de Gilberto Gil, então Ministro da Cultura, em 2005, no Ano do Brasil na França. Nesse momento o Buffet Capim Santo inaugura sua cozinha itinerante. Depois disso os eventos internacionais não pararam mais; em Dubai, Portugal, Estados Unidos, entre outros, a equipe pôde desenvolver sua apurada logística e capacidade de execução dos projetos.

Uniformes para cada tipo de evento; equipamentos que compõem os mais variados cenários e uma proposta gastronômica amadurecida no curso dos seus vinte e cinco anos – em todos os detalhes o Buffet Capim Santo leva às últimas consequências seu propósito de atendimento pessoal. O núcleo de sua equipe de colaboradores está junto de Morena há mais de dez anos, desde os tempos da Vila Madalena. Junto de Adriana Drigo divide o comando do Buffet; garimpam potinhos, panelinhas, cumbuquinhas, travessas, bandejas e todo aparato para compor a cenografia gastronômica dos eventos, pois acreditam que, como uma bela pintura precisa de uma moldura à altura, um prato saboroso também merece o apoio de uma cenografia apurada. Não só para fazer de seus eventos uma gratificante experiência para os sentidos, na excelência gastronômica, mas também um encontro maior, cultural e afetivo.

dedico

este livro a todos os que fizeram parte desses 25 anos, a cada um que ajudou a construir cada tijolinho de nossa história, a cada um que descascou um aipim, limpou um peixe, que nos trouxe uma lagosta fresquinha, espremeu o alho,

lavou a louça, serviu as mesas ou tirou um cafezinho – nossos funcionários, fornecedores, parceiros e amigos.

o mar

CRESCI VENDO O MAR DA JANELA DA MINHA COZINHA: ESSE HORIZONTE E O CHEIRO DA MARESIA ME INSPIRARAM DESDE PEQUENA.

os grãos

TODO MEU DNA GASTRONÔMICO VEM DA COZINHA SAUDÁVEL NA QUAL FUI CRIADA, E OS GRÃOS SEMPRE FORAM A BASE DESSA ALIMENTAÇÃO.

as ervas

PARA MIM SÃO O MAIS PURO PERFUME DA GASTRONOMIA, SUA VARIEDADE VAI MUITO ALÉM DO "BOUQUET GARNI".

as raízes

QUANDO FALAMOS DA GASTRONOMIA BRASILEIRA, A MANDIOCA, TAMBÉM CONHECIDA COMO AIPIM OU MACAXEIRA, É A GRANDE ESTRELA, MAS EU SOU UMA GRANDE FÃ DE TODOS OS TIPOS DE TUBÉRCULOS OU RAÍZES.

as receitas
para receber amigos

PÃO DE CAPIM-SANTO

INGREDIENTES

1 e 2/3 xícara (chá) de leite
2 colheres (sopa) de manteiga
250g de folhas de capim-santo
500g de farinha de trigo
2 colheres (sopa) de fermento biológico
1 colher (sopa) de açúcar
1 colher (chá) de sal
2 ovos

MODO DE PREPARO

Bata o leite com as folhas de capim-santo. Peneire essa mistura e junte o restante dos ingredientes até obter uma mistura homogênea. Coloque, até a metade, em forminhas de pão (13 x 7 x 5cm) untadas com óleo e farinha de trigo. Deixe descansar até dobrar de volume e asse por 15 minutos a 150ºC. Espere esfriar e desenforme.

RENDIMENTO: 9 unidades

TARTAR DE ATUM COM PÉROLAS DE TAPIOCA

INGREDIENTES

1 e 1/2 xícara (chá) de sagu de tapioca
1/2 xícara (chá) de azeite de oliva
1/2 xícara (chá) de azeite de castanha-do-pará
1 colher (café) de pimenta dedo-de-moça picada
1 colher (sobremesa) de gengibre picado
1 colher (sopa) da raspas de 3 limões: tahiti, siciliano e cravo
1 colher (sopa) de raiz de capim-santo picada
1/3 xícara (chá) de cachaça Busca Vida
400g de lombo de atum bem vermelho, limpo
Sal e salsinha a gosto

MODO DE PREPARO

Ferva o sagu de tapioca, começando a cozinhar em água quente. Escorra, lave com água fria, cozinhe novamente em água quente até as pérolas ficarem transparentes. Escorra toda a água e lave em água corrente. Tempere com os azeites, a pimenta dedo-de-moça, o gengibre, as raspas dos limões, a raiz de capim-santo e a cachaça Busca Vida. Reserve no refrigerador. Corte o atum, de preferência congelado, em cubos pequenos e tempere com os mesmos ingredientes do sagu.

FINALIZAÇÃO

Misture o atum às pérolas de tapioca, ajuste o sal e acrescente a salsinha. Sirva frio.

RENDIMENTO: 30 porções servidas na colher de porcelana

BLINIS DE CAPIM-SANTO COM OVAS DE CAVIAR

INGREDIENTES

1 e 1/2 xícara (chá) de leite
1 colher (sopa) de manteiga
25g de folha de capim-santo
1/2 xícara (chá) de farinha de trigo
1/2 colher (chá) de fermento em pó
1 pitada de sal
1 ovo
ovas de caviar
azeite para untar

MODO DE PREPARO

Bata 1 xícara do leite, a manteiga derretida e as folhas de capim-santo no liquidificador. Peneire, adicione a farinha e o fermento em pó (peneirados), o sal e reserve. Separe a gema e reserve a clara do ovo. Aqueça, a aproximadamente 36ºC, o restante do leite misturado com a gema do ovo. Retire do fogo, junte com a mistura de capim-santo e deixe descansar por aproximadamente 1 hora. Bata a clara em neve e incorpore delicadamente à mistura já descansada.

FINALIZAÇÃO

Em uma frigideira de teflon preaquecida e untada com azeite, disponha uma colher (sobremesa) da massa e mantenha até cozinhar, por aproximadamente 1 minuto.
Sirva os blinis com as ovas de caviar por cima.

RENDIMENTO: 30 unidades

CROQUETE DE PALMITO PUPUNHA
ACOMPANHADO DE MOLHO DE LIMÃO-CRAVO

INGREDIENTES

Croquete de Pupunha
5 fatias de pão de forma sem a casca
2 dentes de alho picados
2 colheres (sobremesa) de azeite de oliva
2 colheres (sobremesa) de cebola picada
250g de palmito pupunha fresco picado em cubos bem pequenos
1/2 xícara (chá) de leite
2 colheres (sopa) de requeijão
1/4 de xícara (chá) de creme de leite fresco (opcional)
Sal, pimenta-do-reino, salsinha e raiz de capim-santo a gosto
3 ovos batidos para empanar
Farinha de rosca para empanar
400ml de óleo vegetal para fritar

Molho de Limão-Cravo
1 dente de alho picado
1 colher (sobremesa) de azeite de oliva
Suco e raspas de 1 limão-cravo
1 xícara (chá) de creme de leite fresco
Sal e pimenta-do-reino a gosto

MODO DE PREPARO

Passe o pão em uma peneira, ou triture no processador, até formar uma farofa e reserve. Doure o alho no azeite, refogue a cebola e junte o palmito pupunha, refogando-o por alguns minutos. Acrescente o leite, o requeijão e o creme de leite. Deixe secar bem o líquido e adicione a farinha de pão. Ajuste o sal, a pimenta-do-reino e acrescente a salsinha e a raiz de capim-santo picadas finamente. Molde a massa em forma de croquete, passe no ovo batido e empane com a farinha de rosca. Reserve.

Dica: Deixe o líquido secar bem, antes de adicionar a farinha de pão, caso contrário ficará difícil a modelagem dos croquetes.

Para o molho, doure o alho no azeite, acrescente o suco e as raspas do limão e deixe refogar por aproximadamente 1 minuto. Tempere com sal e pimenta-do-reino, acrescente o creme de leite e deixe reduzir um pouco até obter uma consistência cremosa.

FINALIZAÇÃO

Em óleo vegetal bem quente (180ºC) frite os croquetes por aproximadamente 3 minutos, até ficarem dourados. Escorra o excesso de gordura em papel absorvente e sirva ainda quente acompanhado do molho de limão-cravo.

RENDIMENTO: 35 croquetes de 10g cada

BOLINHO DE CAMARÃO

INGREDIENTES

650g de camarões médios limpos com cauda
1/2 xícara (chá) de azeite de oliva
1 colher (sopa) de raspas de limão-tahiti, limão-siciliano e limão-cravo
Suco de limão-tahiti, limão-siciliano e limão-cravo
Sal, pimenta-do-reino e salsinha a gosto
1 colher (café) de pimenta dedo-de-moça
3 colheres (café) de gengibre picado
1 colher (café) de curry
1 colher (sopa) de açafrão-da-terra
2 colheres (café) de raiz de capim-santo picada
3 dentes de alho picados
3 colheres (sopa) de cebola picada
Azeite para fritar os camarões

MODO DE PREPARO

Limpe os camarões, reservando 30 unidades com as caudas. Tempere-os, separadamente, com metade do azeite, as raspas e o suco dos limões, sal, pimenta-do-reino e dedo-de-moça, gengibre, curry, açafrão, salsinha e a raiz de capim-santo picada. Deixe marinar por 20 minutos.

Doure o alho no azeite restante, junte e refogue a cebola. Tempere com sal e pimenta-do-reino e junte esse refogado à marinada de camarões sem cauda. Passe esse camarão no processador até virar uma pasta. Reserve.

Doure os 30 camarões restantes no azeite.

FINALIZAÇÃO

Unte as mãos com azeite e molde a massa de camarão nos corpos dos camarões dourados, deixando as caudas para fora. Leve ao forno preaquecido a 200ºC e asse por aproximadamente 10 minutos, ou até que estejam dourados.

RENDIMENTO: 30 bolinhos de 15g cada

SATÉ DE CORDEIRO NA RAIZ DE CAPIM-SANTO

INGREDIENTES

550g de filé-mignon de cordeiro
Sal, pimenta-do-reino, pimenta dedo-de-moça e salsinha a gosto
1 colher (café) de raiz de capim-santo picada
2 colheres (café) de gengibre picado
4 dentes de alho picados
4 colheres (sopa) de azeite de oliva
4 colheres (sopa) de cebola picada
1 colher (sopa) de raspas de limão-tahiti, limão-siciliano e limão-cravo
10 raízes de capim-santo cortadas em 3 bastões de 8cm cada

MODO DE PREPARO

Pique o mignon bem picadinho na ponta da faca ou passe-o no processador. Tempere com sal, pimenta-do-reino, pimenta dedo-de-moça picadinha, raiz de capim-santo e gengibre picados e as raspas dos limões.
Doure o alho no azeite, junte e refogue a cebola. Tempere com sal e pimenta-do-reino e junte à carne crua, num bowl, sem levá-la ao fogo. Finalize espalhando salsinha.

FINALIZAÇÃO

Corte as raízes de capim-santo em 3 partes e retire as pontas. Com as mãos untadas com azeite, molde a massa nas raízes. Leve ao forno preaquecido a 200ºC por aproximadamente 10 minutos.

RENDIMENTO: 30 unidades de 20g cada.

TABULE DE QUINUA

INGREDIENTES

100g de quinua
Sal, pimenta-do-reino e hortelã a gosto
2 colheres (sobremesa) de azeite de oliva
5 colheres (sobremesa) de suco e raspas de 3 limões: tahiti, siciliano e cravo
6 colheres (sopa) de salsinha picada
4 colheres (café) de raiz de capim-santo picada
4 colheres (sobremesa) de cebola roxa
1 tomate
1 pepino

MODO DE PREPARO

Cozinhe a quinua em água com sal até que as sementes se abram, porém ainda *al dente* (aproximadamente 10 minutos). Escorra e tempere com sal, azeite, raspas e suco dos 3 limões, salsinha, hortelã e a raiz de capim-santo. Corte a cebola em cubos e tempere separadamente com azeite, sal, pimenta-do-reino e limão. Deixe marinar por aproximadamente 10 minutos. Corte o tomate em cubos, dispensando o miolo e as sementes, tempere com azeite, sal e pimenta-do-reino e deixe marinar por 5 minutos. Corte o pepino, apenas a casca, em cubos. Tempere com sal e pimenta-do-reino, junte a cebola, o tomate e a quinua.

FINALIZAÇÃO

Num recipiente, misture todos os ingredientes. Tempere com o suco de limão, o azeite, o sal, a pimenta-do-reino, a raiz de capim-santo e a hortelã picada finamente. Sirva frio.

RENDIMENTO: 4 porções para degustação ou 2 porções como entrada principal

VINAGRETE DE PATINHAS DE CARANGUEJO

INGREDIENTES

400g de patinhas de caranguejo
Sal, pimenta-do-reino e salsinha a gosto
1 xícara (chá) de azeite de oliva
2 colheres (café) de raiz de capim-santo picada
Suco e raspas dos limões: tahiti, siciliano e cravo – 2 de cada
2 tomates grandes
1/2 xícara (chá) de cebola

MODO DE PREPARO

Tempere as patinhas de caranguejo com sal, pimenta-do-reino, metade do azeite de oliva, raiz de capim-santo e as raspas e 2/3 do suco dos limões. Deixe marinar por 30 minutos.

Corte os tomates e a cebola em cubinhos e tempere com sal, pimenta-do-reino, o restante do azeite de oliva, salsinha picada finamente e o restante do suco dos limões. Deixe marinar por 10 minutos.

FINALIZAÇÃO

Disponha as patinhas de caranguejo no prato e finalize com o vinagrete sobre elas. Enfeite com um ramo de salsinha.

RENDIMENTO: 4 porções para degustação ou 2 porções como prato principal

MIL-FOLHAS DE TAPIOCA COM ARATU

INGREDIENTES

1 e 1/2 xícara (chá) de goma de tapioca (polvilho doce, umedecido e peneirado)
4 colheres (sobremesa) de azeite de oliva
4 colheres (café) de alho picado
4 colheres (sobremesa) de cebola picada
4 colheres (sopa) de pimentão vermelho
4 colheres (sopa) de pimentão amarelo
150g de aratu catado limpo
Sal, pimenta-do-reino, raiz de capim-santo e salsinha a gosto
2 tomates picados
1 xícara (chá) de leite de coco

MODO DE PREPARO

Aqueça a panela de teflon, adicione uma porção da goma de tapioca peneirada (uma espessura de 2cm, aproximadamente). Quando desgrudar do fundo da panela, vire. Aqueça até soltar o outro lado. Com o auxílio de um aro redondo, corte 3 discos de tapioca. Faça esse mesmo procedimento com toda a massa. Leve ao forno os discos de tapioca, por 5 minutos, para a massa ficar crocante. Reserve.
Aqueça o azeite, doure o alho e refogue a cebola e os pimentões cortados em cubos pequenos. Acrescente o aratu, tempere com sal, pimenta-do-reino, raiz de capim-santo e deixe refogar até dourar bem. Adicione os tomates cortados em cubos pequenos e refogue um pouco, até amolecerem. Junte o leite de coco e a salsinha e deixe reduzir por uns 8 minutos.

FINALIZAÇÃO

Monte as mil-folhas de tapioca, intercalando os discos de tapioca e o recheio de aratu. Salpique salsinha para finalizar.

RENDIMENTO: 4 unidades

MEXILHÕES GRATINADOS COM MOLHO DE CAPIM-SANTO

INGREDIENTES

16 mexilhões com a concha
Sal, pimenta-do-reino e salsinha a gosto
1 colher (sobremesa) de raspas de 3 limões: tahiti, siciliano e cravo
2 xícaras (chá) de queijo parmesão ralado
1/4 de xícara (chá) de azeite de oliva

Molho de Capim-Santo
200g de folha de capim-santo
2 xícaras (chá) de leite
1 colher (sopa) de azeite de oliva
2 dentes de alho picados
2 colheres (sopa) de cebola picada
2 xícaras (chá) de creme de leite fresco
Sal e pimenta-do-reino a gosto

MODO DE PREPARO

Tempere os mexilhões com sal, pimenta-do-reino, as raspas dos limões e o azeite. Reserve. Para o molho, bata as folhas de capim-santo com o leite e peneire. Reserve.

Doure o alho no azeite, junte e refogue a cebola. Tempere com sal e pimenta-do-reino, junte o creme de leite fresco. Assim que ferver, junte o leite batido com as folhas de capim-santo. Tempere novamente com sal e deixe reduzir até atingir a consistência desejada.

FINALIZAÇÃO

Regue os mexilhões com o molho de capim-santo, salpique o queijo parmesão e leve para gratinar por aproximadamente 5 minutos, ou até que estejam dourados. Decore com a salsinha finamente picada e sirva ainda quente.

RENDIMENTO: 4 porções

TAGINE DE FRUTOS DO MAR

INGREDIENTES

150g de polvo
2 tomates italianos
1/2 cebola roxa pequena picada
4 colheres (sobremesa) de azeite de oliva
Suco de 1 limão-tahiti
Sal, salsinha, pimenta-do-reino e raiz de capim-santo a gosto
1/2 xícara (chá) de água
1/2 xícara (chá) de cuscuz marroquino
4 dentes de alho picados
40g de camarão 7 barbas limpo (7 unidades)
40g de lula cortada em anéis
4 camarões extragrandes limpos com cauda

MODO DE PREPARO

Limpe o polvo, bata-o e cozinhe em uma panela de pressão por 20 minutos. Corte em pedaços pequenos e reserve. Corte os tomates em concassé, a cebola roxa em cubos pequenos e marine em duas colheres (sobremesa) de azeite, suco de 1/2 limão e sal, por aproximadamente 10 minutos.

Ferva a água e hidrate o cuscuz marroquino em recipiente tampado. Quando todo o líquido for absorvido pelos grãos, passe um garfo para soltá-los.

Doure o alho no azeite restante, refogue os camarões pequenos, as lulas e os polvos. Tempere com parte do suco do limão, sal e pimenta-do-reino. Reserve. Em outra panela, doure os camarões por aproximadamente 1 minuto.

FINALIZAÇÃO

Misture o cuscuz marroquino com os frutos do mar e acrescente os tomates e a cebola marinados. Tempere com o restante do suco de limão, o sal, a salsinha, a raiz de capim-santo picada finamente e a pimenta-do-reino. Sirva e decore com os quatro camarões grandes.

Caso prefira, adicione à mistura azeite de oliva a gosto.

RENDIMENTO: 4 porções para degustação ou 2 porções como prato principal

VIEIRAS CARAMELADAS COM CAPIM-SANTO

INGREDIENTES

400g de vieiras inteiras
Suco de 1 limão-cravo
Sal, pimenta-do-reino e salsinha a gosto
2 colheres (sopa) de azeite de oliva
2 colheres (sopa) de açúcar mascavo
4 raízes de capim-santo inteiras
1 cebola roxa
1/2 xícara (chá) de cachaça Busca Vida

MODO DE PREPARO

Tempere as vieiras com limão, sal, pimenta-do-reino e reserve. Aqueça o azeite com o açúcar e quando começar a caramelizar acrescente as raízes de capim-santo e a cebola roxa cortada em camadas. Acrescente as vieiras e sele. Flambe com a cachaça Busca Vida e salpique salsinha.

FINALIZAÇÃO

Sirva, ainda quente, em um prato de porcelana.

RENDIMENTO: 4 porções para degustação ou 2 porções como prato principal

RISOTO DE CAMARÃO COM BANANA-OURO

INGREDIENTES

2 dentes de alho picados
1 colher (sopa) de azeite de castanha-do-pará
1 colher (café) de curry
1 colher (sopa) de açafrão
4 camarões extragrandes limpos com cauda
2 colheres (sopa) de cebola picada
1/2 xícara (chá) de arroz arbóreo
1/2 xícara (chá) de cachaça Busca Vida
1 copo de prosecco (vinho)
1 colher (sopa) de raspas de limão-tahiti, limão-siciliano e limão-cravo, misturadas
6 bananas-ouro
Gengibre, raiz de capim-santo e pimenta dedo-de-moça a gosto
1,2ml de caldo de legumes (1/2 cebola, 1 cenoura, 1 talo de salsa e 1 talo de alho-poró)
Sal, pimenta-do-reino e salsinha a gosto

MODO DE PREPARO

Marine os camarões com o curry, o açafrão, as raspas e o suco dos limões, a cachaça Busca Vida, raiz de capim-santo, gengibre e a pimenta dedo-de-moça. Reserve.

Doure o alho no azeite de castanha-do-pará, junte os camarões, refogue por 1 minuto aproximadamente e reserve. Na mesma panela, refogue a cebola, junte o arroz arbóreo e o prosecco. Refogue por aproximadamente 2 minutos. Acrescente duas bananas em rodelas e um pouco do caldo de legumes. Deixe cozinhar até o líquido secar e vá acrescentando mais caldo, pouco a pouco, por aproximadamente 15 minutos. Junte mais duas bananas em rodelas e ajuste o sal. Para finalizar, junte os camarões com o caldo da marinada.

FINALIZAÇÃO

Sirva o risoto, disponha os camarões sobre este e decore com as bananas restantes cortadas em rodelas. Salpique salsinha.

RENDIMENTO: 4 porções para degustação; acrescente mais 4 camarões e terá 2 porções como prato principal

CAMARÃO COM RENDAS DE BATATA-DOCE
ACOMPANHADO DE RISOTO DE GRÃOS

INGREDIENTES
2 colheres (sopa) de arroz vermelho
2 colheres (sopa) de arroz arbóreo
2 colheres (sopa) de arroz negro
2 colheres (sopa) de cevadinha
4 colheres (sopa) de cebola e alho picados
Sal, pimenta-do-reino, suco de limão e salsinha a gosto
1 litro de caldo de legumes
4 camarões extragrandes limpos com cauda
1 tomate italiano
1 fundo de alcachofra em conserva
200g de batata-doce
4 dentes de alho picados
1/2 xícara (chá) de azeite de oliva
1 colher (sopa) de raspas de limão-tahiti, limão-siciliano e limão-cravo, misturadas
1 colher (café) de raiz de capim-santo picada
600ml de óleo vegetal para fritar

MODO DE PREPARO
Refogue os grãos separadamente com alho e cebola dourados, sal e pimenta-do-reino. Cozinhe com o caldo de legumes (ou água) até os grãos amolecerem, porém al dente. Enquanto os grãos cozinham, tempere os camarões com sal, limão e pimenta-do-reino. Corte o tomate em cubos pequenos e as alcachofras em rodelas. Quando os grãos estiverem cozidos, escorra-os e reserve.

Corte a batata-doce em tiras finas, tipo spaguetti, utilizando o cortador próprio. Enrole os camarões nas tiras de batata-doce formando uma espécie de renda. Reserve.

FINALIZAÇÃO
Doure o alho no azeite e acrescente nesta ordem: o arroz vermelho, a cevadinha, o arroz negro e o arroz arbóreo. Junte o tomate, a alcachofra, as raspas dos limões e a raiz de capim-santo. Ajuste o sal e a pimenta-do-reino.

Em óleo quente, a aproximadamente 180ºC, frite os camarões até ficarem dourados.

Sirva o risoto decorado com os camarões e salpique a salsinha.

RENDIMENTO: 4 porções para degustação ou 1 porção como prato principal

ROBALO COM CROSTA DE CAPIM-SANTO
ACOMPANHADO DE VATAPÁ

INGREDIENTES

Robalo
400g de robalo fresco
Suco de 1 limão
Sal e pimenta-do-reino a gosto

Crosta de capim-santo
100g de farofa de pão de capim-santo
(ver receita na pág. 32. Pode ser substituído por pão de forma comum)
1 colher (sopa) de azeite de oliva
2 colheres (café) de alho picado
2 colheres (sopa) de cebola picada
Sal, pimenta-do-reino e raiz de capim-santo a gosto
1 colher (café) de pimenta dedo-de-moça picada
4 colheres (sobremesa) de salsinha picada

Vatapá
2 fatias de pão de forma
1 e 1/2 xícara (chá) de leite
200g de camarão
Sal, pimenta-do-reino e salsinha a gosto
2 colheres (sobremesa) de azeite de oliva
2 colheres (café) de alho picado
2 colheres (sopa) de cebola picada
2 colheres (sopa) de pimentão vermelho picado
2 colheres (sopa) de pimentão amarelo picado
1 tomate picado
2 colheres (café) de raiz de capim-santo picada
2 colheres (café) de gengibre picado
1 colher (café) de pimenta dedo-de-moça picada
2/3 de xícara (chá) de leite de coco
2 colheres (sopa) de castanha-de-caju
2 colheres (sobremesa) de amendoim
1 colher (sobremesa) de azeite de dendê (opcional)

MODO DE PREPARO

Tempere o robalo com o limão, sal, pimenta-do-reino e reserve no refrigerador. Para a crosta de capim-santo, passe o pão de capim-santo no ralador até formar uma farofa. Aqueça o azeite, doure o alho e refogue a cebola. Acrescente a farofa do pão de capim-santo, a raiz de capim-santo, a pimenta dedo-de-moça e a salsinha. Ajuste o sal e a pimenta-do-reino.

Para o vatapá, passe o pão de forma no ralador até formar uma farofa e umedeça com o leite. Tempere os camarões com sal e pimenta-do-reino. Aqueça o azeite, doure o alho e refogue a cebola. Adicione os pimentões, refogue bem, junte o camarão já temperado, o tomate cortado em cubos pequenos, a raiz de capim-santo, o gengibre e a pimenta dedo-de-moça picados finamente. Junte o leite de coco, a castanha-de-caju, o amendoim e a farofa umedecida. Refogue por aproximadamente 2 minutos e bata no liquidificador até obter uma mistura homogênea. Volte ao fogo, ajuste o sal e a pimenta-do-reino, cozinhe por 1 minuto e reserve.

FINALIZAÇÃO

Asse o robalo sem a crosta a 200ºC por 5 minutos. Retire-o do forno, aplique a crosta de capim-santo e volte a assar a 200ºC por mais 10 minutos. Aqueça o vatapá, coloque no fundo do prato e disponha o robalo sobre ele. Salpique salsinha para finalizar.

RENDIMENTO: 4 porções para degustação ou 2 porções como prato principal

ATUM GRELHADO NA RAIZ DE CAPIM-SANTO
ACOMPANHADO DE PALMITO PUPUNHA SALTEADO

INGREDIENTES

Atum grelhado
400g de lombo de atum cortado em 4 partes
Sal e pimenta-do-reino a gosto
4 raízes de capim-santo inteiras

Molho Tarê
1 colher (sopa) de azeite de oliva
2 colheres (café) de alho picado
2 colheres (sopa) de cebola picada
4 colheres (sobremesa) de açúcar mascavo
4 colheres (chá) de molho shoyo
1/2 xícara (chá) de saquê

Palmito pupunha salteado
400g de palmito pupunha
2 colheres (sobremesa) de azeite de oliva
Sal e salsinha a gosto

MODO DE PREPARO
Tempere o atum com sal e pimenta-do-reino. Insira 1 raiz de capim-santo em cada pedaço do atum e reserve no refrigerador. Aqueça o azeite, doure o alho e refogue a cebola. Acrescente o açúcar, o molho shoyo e o saquê. Deixe cozinhar até reduzir e engrossar. Reserve. Corte o palmito pupunha em cubos médios. Aqueça o azeite, adicione o palmito e deixe cozinhar até amolecer. Ajuste o sal e adicione a salsinha.

FINALIZAÇÃO
Grelhe todos os lados do atum até que apareça a marca da grelha. Disponha o palmito no prato e coloque o atum sobre este. Regue com um pouco do molho Tarê e salpique salsinha para finalizar.

RENDIMENTO: 4 porções para degustação ou 2 porções como prato principal

LINGUADO RECHEADO COM PALMITO PUPUNHA AO MOLHO DE LARANJA

ACOMPANHADO DE PETIT GÂTEAU DE BANANA

INGREDIENTES

Linguado

600g de filé de linguado (4 filés)
Sal e pimenta-do-reino a gosto
Suco de 2 limões
5 colheres (sopa) de molho pesto
Papel-alumínio

Recheio de Palmito Pupunha

4 fatias de pão de forma
200g de palmito pupunha
2 colheres (sopa) de azeite de oliva
1 colher (sobremesa) de alho picado
1/2 xícara (chá) de cebola picada
Sal, pimenta-do-reino, pimenta dedo-de-moça, raiz de capim-santo e salsinha a gosto
1 xícara (chá) de leite

Petit Gateau de Banana

100g de banana-nanica (1 unidade grande)
1/3 de xícara (chá) de suco de laranja
1 colher (sopa) de manteiga
1 ovo inteiro e 2 gemas
1 colher (sopa) de farinha de trigo

Molho de Laranja

1/2 xícara (chá) de azeite de oliva
3 colheres (café) de alho picado
1 colher (café) de pimenta dedo-de-moça
2 e 1/2 xícaras (chá) de suco de laranja
Sal a gosto

MODO DE PREPARO

Tempere o linguado com sal, pimenta-do-reino, limão e reserve no refrigerador.
Retire as bordas do pão de forma, passe no ralador formando uma farinha e reserve. Corte o palmito pupunha em cubos pequenos. Aqueça o azeite, doure o alho e refogue a cebola. Acrescente o palmito, a pimenta dedo-de-moça, a raiz de capim-santo e refogue. Junte o leite e, quando secar bem o líquido, acrescente a farinha de pão e refogue até obter uma mistura homogênea. Ajuste o sal e a pimenta-do-reino, salpique salsinha e reserve.
Para o petit gateau, cozinhe a banana em rodelas no suco de laranja até que se desmanche (aproximadamente 15 minutos). Acrescente a manteiga derretida, o ovo, as gemas e a farinha de trigo peneirada. Misture até obter uma massa homogênea. Unte as forminhas de petit gateau com manteiga e farinha de trigo, preencha-as com a massa e reserve.
Para o molho de laranja, aqueça o azeite, doure o alho, acrescente a pimenta dedo-de-moça e o suco de laranja. Tempere com sal a gosto e deixe reduzir à metade.
Dica: se a banana não estiver muito doce, pode-se acrescentar açúcar a gosto.

FINALIZAÇÃO

Espalhe 1 colher (sopa) de recheio sobre o filé de linguado, enrole-o (como rocambole) e cubra com o molho pesto. Envolva no papel-alumínio e leve ao forno a 200ºC por 10 minutos. Leve o petit gateau ao forno a 200ºC por 7 minutos. As laterais ficarão mais resistentes e o meio mole. Sirva o rolinho de linguado ao lado do petit gateau com o molho de laranja.

RENDIMENTO: 4 porções para degustação ou 2 porções como prato principal

PICADINHO DE MIGNON DE CORDEIRO

ACOMPANHADO DE PURÊ DE MANDIOQUINHA E FAROFA DE BANANA

INGREDIENTES

Picadinho de Cordeiro

4 dentes de alho picados
4 colheres (sopa) de azeite de oliva
200g de filé-mignon de cordeiro
Sal, pimenta-do-reino e alecrim a gosto
4 colheres (café) de raiz de capim-santo picada
4 colheres (sobremesa) de cebola picada
1 copo de cerveja preta
2 colheres (chá) de mel

Farofa de Banana

4 colheres (chá) de azeite de oliva
2 bananas-nanicas
1 xícara (chá) de farinha de mandioca torrada
Sal a gosto

Purê de Mandioquinha

200g de mandioquinha
2 colheres (chá) de azeite de oliva
Sal e pimenta-do-reino a gosto

MODO DE PREPARO

Doure o alho no azeite, acrescente o mignon de cordeiro cortado em cubinhos pequenos, o alecrim e a raiz de capim-santo. Doure bem a carne, até caramelizar, temperando com sal e pimenta-do-reino. Acrescente a cebola, refogue até ela ficar transparente. Acrescente a cerveja preta e o mel. Ajuste o sal e a pimenta-do-reino. Deixe reduzir bem até formar um molho espesso. Reserve.

Para a farofa de bananas, aqueça o azeite, junte as bananas em rodelas e refogue. Junte a farinha de mandioca torrada e ajuste o sal.

Cozinhe a mandioquinha em água e sal até amolecer. Despreze o excesso de água e amasse a mandioquinha com a ajuda de um garfo. Misture o azeite e a pimenta-do-reino. Ajuste o sal.

FINALIZAÇÃO

Coloque primeiro a farofa de banana, depois o purê de mandioquinha e, por último, o picadinho de mignon. Decore com um ramo de alecrim.

RENDIMENTO: 4 porções para degustação ou 1 porção como prato principal

MEXIDO ÁRABE

INGREDIENTES

1/2 xícara (chá) de lentilha francesa
1/2 xícara (chá) de arroz
1/3 xícara (chá) de azeite
8 dentes de alho picados
600g de cebola picada (3 unidades)
400g de carne moída
2 colheres (café) de pimenta dedo-de-moça picada
Sal e pimenta-do-reino a gosto
1 colher (café) de raiz de capim-santo picada
4 colheres (sopa) de salsinha picada
1 colher (sopa) da raspa dos limões: tahiti, siciliano e cravo (1 de cada)
Suco de 1 limão

MODO DE PREPARO

Cozinhe a lentilha e o arroz separadamente. Reserve.

Aqueça a metade do azeite, doure a metade do alho e acrescente a cebola. Refogue até a cebola estar totalmente caramelizada. Em outra panela, aqueça o restante do azeite e doure a outra metade do alho. Junte a carne moída, a pimenta dedo-de-moça, o sal e a raiz de capim-santo. Refogue até ficar bem dourada. Acrescente a salsinha, o arroz, a lentilha e a cebola caramelizada. Refogue por mais alguns minutos, ajuste o sal, a pimenta-do-reino e tempere com as raspas e o suco de limão.

FINALIZAÇÃO

Sirva o mexido imediatamente e salpique salsinha para decorar.

RENDIMENTO: 4 porções para degustação ou 2 porções como prato principal

ARRUMADINHO DE CARNE-SECA, COUVE E PURÊ DE ABÓBORA

INGREDIENTES

200g de carne-seca limpa
2 xícaras (chá) de abóbora kabotcha limpa
6 colheres (sopa) de azeite de oliva
1/2 xícara (chá) de cebola picada
Sal, pimenta-do-reino, salsinha e raiz de capim-santo a gosto
5 dentes de alho picados
1 cebola média cortada em tiras finas
4 folhas de couve manteiga

MODO DE PREPARO

Deixe a carne-seca de molho de um dia para o outro, trocando a água por 3 vezes. Cozinhe a carne-seca em cubos, trocando a água por mais 3 vezes; escorra-a e desfie ainda quente com a ajuda de um garfo. Reserve.

Corte a abóbora em cubinhos. Aqueça duas colheres (sopa) do azeite, doure 2 dentes de alho picados, refogue a cebola picada, tempere com sal, pimenta-do-reino e raiz de capim-santo. Junte a abóbora e refogue um pouco. Ajuste o sal, a pimenta-do-reino e cubra com um pouco de água para ajudar no cozimento. Assim que o líquido secar e a abóbora estiver macia, bata-a no liquidificador.

Doure 2 dentes de alho picados em duas colheres (sopa) de azeite; junte e refogue a cebola cortada em tiras finas e tempere com sal e pimenta-do-reino. Adicione a carne-seca desfiada e salpique a salsinha.

Doure o dente de alho restante em duas colheres (sopa) de azeite e refogue rapidamente a couve fatiada finamente. Tempere com sal e pimenta-do-reino.

FINALIZAÇÃO

Em um ramequim de creme brullé ou outro recipiente pequeno, monte a carne-seca, a couve e o purê de abóbora. Salpique salsinha a gosto.

RENDIMENTO: 4 porções para degustação ou 1 porção como prato principal

FRANGO AO CURRY COM LEITE DE COCO E CAPIM-SANTO

ACOMPANHADO DE LEGUMES COZIDOS

INGREDIENTES

240g de peito de frango Korin
4 colheres (sobremesa) de azeite de oliva
Suco de 1 limão-tahiti
2 colheres (café) de raiz de capim-santo picada
Sal, pimenta-do-reino, salsinha e semente de girassol a gosto
4 colheres (sopa) de brócolis
4 colheres (sopa) de cebola roxa
4 colheres (sopa) de cenoura
4 colheres (sopa) de abobrinha
4 colheres (sopa) de mandioquinha
4 dentes de alho picados
4 colheres (café) de curry
1 xícara (chá) de leite de coco

MODO DE PREPARO

Corte o frango em tiras e escalde em água fervente. Deixe marinar por 30 minutos em uma colher (sobremesa) de azeite, suco de limão, raiz de capim-santo e sal. Corte os legumes em pedaços grandes (losangos) e cozinhe, separadamente, em água com sal, deixando-os al dente.

Doure o alho no azeite restante, junte o curry, refogue rapidamente e acrescente o frango. Cozinhe por 10 minutos e adicione o leite de coco. Ajuste o sal e a pimenta-do-reino.

FINALIZAÇÃO

Misture os legumes com o frango, ajuste o sal e finalize espalhando salsinha picada e semente de girassol.

RENDIMENTO: 4 porções para degustação ou 1 porção de prato principal

CESTINHA DE PARMESÃO COM RISOTO DE ABOBRINHA

INGREDIENTES

Cestinha de Parmesão
120g de queijo parmesão ralado

Risoto de Abobrinha
2 abobrinhas grandes
Raspas e o suco de limões: tahiti, siciliano e cravo (1/2 limão cada)
2 colheres (café) de pimenta dedo-de-moça picada
2 colheres (café) de raiz de capim-santo picada
Sal, salsinha, pimenta-do-reino e azeite a gosto
4 colheres (café) de alho picado
4 colheres (sopa) de azeite de oliva
2 litros de caldo de legumes (1 cenoura, 1 cebola, miolo da abobrinha, talo de salsão e alho-poró a gosto)
1/2 xícara (chá) de castanha-de-caju
1/2 xícara (chá) de cebola picada
120g de arroz arbóreo
1 copo de prosecco
4 colheres (sobremesa) de salsinha picada

MODO DE PREPARO

Para a cestinha de parmesão, aqueça uma panela de teflon e polvilhe 1/4 do parmesão ralado no fundo. Quanto estiver derretido e a borda começando a dourar, com uma espátula de silicone remova o queijo e imediatamente coloque em uma tigela redonda com a abertura voltada para baixo, para dar a forma de “cestinha”. Reserve. Repita o mesmo procedimento para fazer os outras cestinhas.
Para o risoto, corte a casca das abobrinhas em tirinhas finas e tempere com o suco e as raspas de limão, pimenta dedo-de-moça, metade da raiz de capim-santo, sal, pimenta-do-reino, azeite e salsinha. Reserve.
Doure quatro colheres (café) de alho em metade do azeite, junte e refogue rapidamente as abobrinhas. Reserve a metade para o risoto e a outra metade bata no liquidificador com dois copos de caldo de legumes ou água e a metade da castanha-de-caju. Reserve.
Doure a outra metade de alho no azeite restante, junte e refogue a cebola, tempere com sal, a raiz de capim-santo restante e pimenta-do-reino. Adicione o arroz, refogue por 2 minutos. Tempere novamente com sal e junte o vinho prosecco, mexendo até evaporar. Junte o caldo de legumes, concha a concha, por aproximadamente 18 minutos, até o risoto ficar al dente. Confira novamente o sal, adicione a abobrinha refogada, misture por 1 minuto e desligue o fogo.

FINALIZAÇÃO

Coloque a cestinha em um prato de porcelana e preencha-a com o risoto de abobrinha. Salpique a salsinha e a castanha-de-caju picada grosseiramente para decorar.

RENDIMENTO: 4 porções para degustação ou 2 porções como prato principal

CREME BRULÉE DE CAPIM-SANTO

INGREDIENTES

15 ovos
2 litros de leite integral
500g de folhas de capim-santo
3 latas de leite condensado
1/4 de xícara (chá) de açúcar cristal

MODO DE PREPARO

Peneire os ovos e bata no liquidificador. Reserve.

Bata o leite e as folhas de capim-santo no liquidificador, peneire e reserve. Leve ao fogo, em banho-maria, o leite condensado, os ovos batidos e a mistura de leite e capim-santo. Deixe no fogo até o ponto de creme, por aproximadamente 25 minutos. Coloque a mistura nas formas de brulée, cubra com papel-alumínio e asse, a 150ºC, por aproximadamente 10 minutos. Reserve refrigerado.

FINALIZAÇÃO

Na hora de servir, polvilhe o açúcar cristal e queime com o maçarico.

RENDIMENTO: 15 unidades

PETIT GÂTEAU DE CAPIM-SANTO

INGREDIENTES

500g de chocolate branco
200g de manteiga
100ml de leite
50g de folhas de capim-santo
10 gemas e 5 claras de ovos
100g de farinha de trigo

MODO DE PREPARO

Misture o chocolate branco, a manteiga e derreta em banho-maria. Bata no liquidificador o leite e as folhas de capim-santo e peneire. Misture com uma espátula o chocolate e a manteiga derretidos, as gemas peneiradas, as claras, o leite com capim-santo misturados e peneirados e a farinha de trigo, até obter uma mistura homogênea. Unte as forminhas de petit gateau com manteiga e farinha. Coloque a mistura. Cuidado para não enchê-las completamente, evitando que se derramem quando assar. Leve ao forno a 180°C entre 7 e 8 minutos.

FINALIZAÇÃO

Desenforme e sirva ainda quente.

RENDIMENTO: 10 unidades

CAIPIRINHA DE CAPIM-SANTO

INGREDIENTES

200g de abacaxi
3 colheres (sopa) de suco de abacaxi concentrado
5 folhas de capim-santo grandes
1 dose de cachaça
Açúcar ou adoçante a gosto

MODO DE PREPARO

Bata no liquidificador o abacaxi, o suco de abacaxi concentrado e as folhas de capim-santo, peneire. Em um copo de caipirinha, coloque gelo, a dose de cachaça e a mistura de abacaxi e capim-santo. Misture e adoce a gosto.

RENDIMENTO: 1 caipirinha

Este livro foi impresso em 04/2016, a mando da Editora Gaia / Editora Boccato / Electrolux,
na gráfica RR Donnelley, com uma tiragem de 2500 exemplares.
O papel do miolo é Couché Fosco 150g, o da capa é Couché Fosco 170g
e o das guardas é Offset 180g.
As fontes usadas são a família Metal Plus, Bahamas Light e Garamond Premier Pro.